CATALOGUE

Des Livres de la Bibliotheque de feu Mr. le Professeur Bourguet.

LIVRES DE THEOLOGIE.

BIBLES.

In 4to.

Biblia Hebraïca Manassé Ben Israel. *Amstel.* 1635.

Biblia Malaïca. *Amsterd.* 1733.

Bible Irlandoise de Bedel. *Londini* 1735.

Le Vieux Testament en Latin. *Basileæ* 1526.

Pentateuchus Mosis Arabicè. *Lugd-Bat.* 1622.

Idem linguá Egyptiacâ, Editore Vilkins. *Londini.* 1731.

Erpinii Psalmi Siriaci. *Lugd-Bat.* 1625.

Novum Testamentum Græcum, Maximi Calliupolitæ Hieromonachi. 1638. 2. Vol.

Le Nouveau Testament en Arabe.

Novum Testamentum Copto-Latinum, Edit. Vilkins. *Oxoniæ* 1716.

———Malabaricum. 1714.

———Malaicum. *Amstel.* 1731.

Les 4. Evangiles en Langue Singaloise. *Colombo.* 1739.

L'Evangile selon St. Matthieu en Malabare. *Colombo* 1741.

Les 4. Evangiles & les Actes en Langue Malaie. *Oxoniæ* 1677.

Qua.

Quatuor Evangelia Versione Gothica & Anglo-Saxonica ; Accessit & Glossarium Gothicum, cui præmittitur Alphabethum Gothicum, Runicum & Anglo-Saxonicum. — *Amstel.* 1684.

Novum Testamentum Turcicum.

Les 4. Evangiles & les Actes en Langue Croate. 1562.

Epistolæ quatuor : Petri secunda , Johannis 2ª. & 3ª. & Judæ una ex M. S. Bibliothecæ Bodleianæ, Charactere Hebræo , Versione Latina. *Lugd-Bat.* 1630.

Johannis Seldeni , de Jure Hæreditario ad leges Hebræorum, *relié avec le précédent.* Londini 1631.

La Sainte Bible en Virginien. *Cambridge* 1685.

Paraphrasis Chaldaica in librum priorem & posteriorem Chronicorum , Authore Rabbi Josepho, in lucem missa à Davide Vilkins. *Amstel.* 1715.

In 8vo.

La Sainte Bible en Gallois. 1727.

———————— en Anglois. *Londres* 1657.

Les Pseaumes de David en Allemand & en Lithuanien. 1728.

——————————en Vers & en Musique, en Langue Malaie. *Amsterd.* 1736.

———————— dialecte Allemande *in 12.* 1581.

Novum Testamentum Græcum, Edit. G.D.T.M.D. cum variantibus. *Amstel.* 1711.

Novum Testamentum Græcum bilingue Edit. Franckio. *Halæ* 1710.

Novum Testamentum Siriacum, Aut: Ægidio Gutbirio *Hamburgi* 1664.

Notæ Criticæ in novum Testamentum Siriacum ab Ægidio Gutbirio. *Hamburgi* 1667.

No-

Novum Teſtamentum Armenum.

———————————— Germanico = Lithuanicum.
         Königsberg, 1727. 2. Vol.

————————————— Eſthonicum.   1729.

————————————— Baſque.   *Rochellan.* 1571.

————————————— Germanicum & Vendalicum.
         Cotbus 1728.

L'Nouf Teſtamaint in Romaunſch.   1607.

Novum Teſtamentum Polonicum.   1725. 2.

——————————— Bohemicum.   1730.

Idem.   1564.

Novum Teſtamentum Hungaricum. *Amſtel.* 1646.

——————————— Finnonicum.   1740.

——————————— Hiſpanicum.   1596.

——————————— en Portugais.   *Amſtel.* 1712.

——————————— Belgicum.   *Dordrecht* 1732.

——————————— Judaico - Germanicè redditum.
        Halæ 1736. 3.

Pſalms of David with the Goſpel according to
   John. in Colums of Indian and Engliſh.
        Boſton. N. E. 1709.

Bible Françoiſe avec les Pſeaumes en Muſique.
        Amſterd. 1708.

OUVRAGES SUR LES MISSIONS.

In 4to.

Rélations des Miſſionaires de Tranquébar depuis
   1708. juſqu'en 1737. reliés ; & juſqu'en 1743.
   en blanc.   *Leipſig* 1708. 8.

Rélations des Emigrans de Saltzburg en Améri-
   que par Mr. Ulrsperger.   *Halle* 1735. 2.

Johannis Hoornbeek de Converſione Judæorum

& Gentilium, libri duo; acceſſit ejuſdem vita.
Amſtel. 1669.

Johannis Georgii Schelhofnii de Religionis Evangelicæ in provincia Salisburgenſi, ortu, prógreſſu, & tatis Commentatio, hiſtorico - Eccleſiaſtica.
Lipſiæ 1732.

Miſſions Geſchichte von dem Jahr 1705. bis 1736. von Johann Lucas Niecamp.
Halle 1740.

Cathechiſme en Italien & en Grec Moderne.
Padoue 1695.

——————— en Latin, en Langue d'Angola & en Portugais.
Rome 1661.

Cathechiſmus pro iis qui volunt ſuſcipere baptiſmum, ab Alexandro de Rhodes. Romæ 1651.

In 8vo.

Hiſtoire de la Societé d'Angleterre pour la Propagation de l'Evangile, par Mr. Humphreys, (en Anglois.)
Londres 1730.

Hiſtoire de la Propagation du Chriſtianiſme par Mr. Millar (en Anglois.) Londres 1731. 2. Vol.

Indian Converts by Mayheuu.
Londres 1727.

Propagation of the Goſpel in the Eaſt. Lond. 1718.

Trois Lettres de l'Evêque de Londres. *Bericht van einer milden Edition des Neuen Teſtaments und Pſalters in Arabiſcher Sprache. Zuverläſsige Nachricht von einer milden Societät &c.* Miſſionarius Evangelicus, Authore Conrardo Mel. 1711.

Neu - bekehrte Malabariſche Chriſten in Oſt - Indien
Ulm. 1738.

Catechiſmus Lutheri linguâ Suecico - Americana.
Stokholm 1696.

——————— en Langue Malaie par Mr. Verndli.
Amſterd. 1732.

Catechifms d'Heidelberg en même langue par
le même.   *Amfterd.* 1730.
Quatre Traités Anglois fur les Miffions. *Bofton.* 1730.
Juftus Heurnius, de legatione Évangelica ad In-
dos capeffenda admonitio.   *Lugd-Bat.* 1618.
De Heidelbergfe Cathechifmus in de Singaleefe
tale overgefet.   *Colombo* 1741.
A Confeffion of Faith.   *Bofton* 1699.
Sampwutteahae Quinnuppe kompava enim &c.
                             Cambridge 1689.
De vervvagte Bekeeringe der Joden, par Mr.
Groenevvegen.   *Amfterd.* 1677.
Nouveaux Memoires des Miffions de la Compa-
gnie de Jéfus dans le Levant. *Paris* 1717. 7. Vol.
Relations des Miffions de Malabar & de Tran-
québar par Velfo (en Anglois.)   *S' Gravenhage*
                                      1739.
Rélation des Travaux de Mr. Callemberg pour
la Converfion des Juifs & des Mahométans,
Germanicè.   *Halle* 1730. 6.
Plufieurs petites piéces du même Auteur. Ger-
manicè.

LIVRES DE THEOLOGIE

In Folio.

Theodori Bezæ Vefelii, Tractationes Theologi-
cæ 2. Tom.   1582.
Petri Bogdani Macedonis, Cuneus Prophetarum
de Chrifto, Patavii.   1685.
Calvini Comentarius in Evangelium fecundum Jo-
hannem; Joh. Oecolampadii in Danielem Co-
mentarius, ejufdem in Librum Job, Exegema-
ta, Ed. Rob. Stephani.   1553.

Eufebii Opera Omnia.   *Bafileæ* 1542.

In Quarto.

Traité des Tribunaux de Judicature par Mr Ro-
   ques   *Bâle* 1740.
Traité des Religions par Mr. Amiraut 2. Ed.
                                  Saumur 1652.
Sam. Werenfelfii Opufcula. *Lauf. & Gen.* 1739. 2. Vol.
Philippi a Limborch, Amica Collatio cum Judæo.
                                  Goudæ 1687.
Hyacinthi Tonti, Auguftiniana de rerum Creatio-
   ne fententia.   *Patavii* 1714.
Jac. Tollii, Infignia Itinerarii Italici, quibus con-
   tinentur Antiquitates facræ. *Traj. ad Rh.* 1696.
Parei Comentarius in Genefin.   *Genevæ.* 1614.
Opus Epiftolarum Divi Eufebii Hyeronymi Stri-
   donenfis cum Scholiis Erafmi.   *Lugduni* 1535.
Joh. Coch, Duo Tituli Thalmudici , Sanhedrin
   & Maccoth.   *Amfterd.* 1629.
Hofeas Propheta, cum Comentariis Rabbi Abra-
   banelis & ejufdem Proemium in duodecim
   Prophetas minores.   *Groningæ* 1676.
Divina miffa Joh. Chryfoftomi.   *Venetiis* 1687.
Tertulliani ad Nationes Libri duo inediti, cum.
   notis.   *Genevæ* 1624.
Frid. Spanhemii Fil. Hiftoria Jobi.   *Genevæ* 1670.
Corpus & Syntagma Confeffionum fidei. *Geneva*
                                    1654.

Collectio Thefium Theologicarum.
Bùs - Weck - und Warnungs - Stimme.   1712.

In 8°.

Les Ordonances Ecclefiaftiques de la Ville de
   Genève.   *Genève* 1662.
                                         Dif-

Difcours fur la Liberté de penfer traduits de l'Anglois. *Londres.* 1714.

Piéces fugitives fur l'Euchariftie. *Genève* 1730.

Deux Lettres à Mr. L'Abbé *** 1726.

Solide Doctrine & vraye Confolation contre le defefpoir pour les péchez, par Urbain le Roi. 1554.

Traité fur la Sainte Cène, (fans Titre)

Clark De l'Exiftence & des Attributs de Dieu. *Amfterdam.* 1717. 2. Vol.

XIV. Lettres fur l'Etat des Ames féparées des Corps. Londres 1739. Examen de l'Origenifme. Laufanne 1733. Suite des XIV. Lettres. *Amfterd.* 1733.

Lettres Fanatiques. *Londres.* 1739. 2.

Lettres fur la Religion Effentielle à l'Home. *Londres.* 1739. 2.

Prefervatif contre la Religion Effentielle. *Lauf. & Gen.* 1740. 2.

La Lumiére de la Raifon, par David Derodon. *Orange* 1647.

Recherches Curieufes fur la Diverfité des Langues & Religions. *Paris* 1663.

Du Pouvoir des Souverains & de la Liberté de Confcience. *Amfterd.* 1707.

Traité des Loix contre les Hérétiques. *Geneve* 1725.

Sentimens de quelques Theologiens d'Hollande fur l'Hiftoire Critique du Vieux Teftament du Pére Simon. *Amfterd.* 1685.

Défenfe du Livre précédent. *Amfterd.* 1686.

Sentimens défintereffés de divers Theologiens Proteftans fur les particularités de l'Etat des Prophètes. *Londres* 1710.

Heures en François pour l'Ufage de Rome. *Paris*

Lettres Edifiantes par Mr. Böhmen. *Altona* 1737.

Refléxions Philofophiques & Théologiques fur le nouveau Siftème de la Nature & de la Grace. *Cologne* 1685. 3. Vol.

Lettres pour & contre la fameufe queftion : Si les folitaires apellés Thérapeutes, dont Philon le Juif a parlé, étoient Chrétiens. *Paris* 1712.

Differtations fur l'Arche de Noé & fur l'Hémine & la Livre de St. Bénoit par J. le Pelletier. *Roüen* 1700.

L'accompliffement des Prophèties. *Roterd.* 1686.

Examen de l'Hiftoire Critique du Nouveau Teftament par Coulan. *Amft.* 1696.

Traités & Lettres de Mr. Gombaut touchant la Religion. *Amfterd.* 1671.

Reponfe fuccinte au Traité intitulé, Décifion Fondamentale d'une queftion depuis peu renouvellée. Laquelle des deux Religions Luthérienne ou Reformée fe raporte le mieux à l'Ecriture Ste. Berne 1681. Lettres aux fidèles de France Refugiés dans les Etats Proteftans. *Au défert* 1689.

Examen de l'Euchariftie de l'Eglife Romaine. *Roterdam* 1683.

Méditations Chretiènes par l'Auteur de la Recherche de la Vérité. *Cologne* 1683.

L'Alcoran de Mahomet, par du Ryer. *Paris* 1649.

Avis falutaire aux Eglifes Reformées de France. *Amfterd.* 1683.

Entretiens de Pauline & d'Agathe. Lettre écrite à Jean Leufden par Crefcent Mathere. Relation Somaire des Merveilles que Dieu fait dans les Cévènes & le Bas Languedoc par Mr. Brouffon. Remontrances envoyées

au

au Clergé & à la Cour de France. Inſtructions
pour les Exercices de pieté des Egliſes Refor-
mées de France.

La Vérité de la Religion Chretiene par Philippe
de Mornay. *Anvers.* 1683.

Familiere & Brieve Expoſition de l'Apocalypſe.
———— 1539.

Sermons deSpanheim contre l'Atheiſme. *Leide* 1676.

Le Cathechiſme du Celèbre Rabbin Tremellius
en Hébreu. ————

Le Convertiſſeur Converti. ———— 1700.

Thomæ Smith Miſcellanea. *Londini* 1686.

Thomas Burnetus, de Statu mortuorum & re-
ſurgentium. *Londini* 1726.

Gruneri Diatribe, de primitiarum Oblatione ac con-
ſecratione. *Lugd. Bat.* 1739.

Opus admirandum Gregorii Nyſſeni Antiſtitis de
hominis Opificio Græcè & Latinè. *Baſileæ* 1567.

Vera Demonſtratio Evangelica. *Francof.* 1729.

Eortalitium Fidei. *Lugduni* 1525.

Grotius, de Veritate Religionis Chriſtianæ. *Amſterd.*
1709.

De Miraculis Libellus. *Duaci* 1734.

Sanderſoni de Obligatione Conſcientiæ Prælectio-
nes X. *Londini* 1600.

Alethophili meditationes aliquot Sacræ & Philo-
ſophicæ. *Francof.* 1729.

Exercitatio Hiſtorico Theologica de Neſtorianiſ-
mo. Autore. P. Ern. Jablonski; *Berolini* 1724.

J. G. Altmanni Obſervationes Philologico-Criticæ.
Bernæ 1737. 2. Vol.

Hadriani Relandi miſcellanea. *Traj. ad Rh.* 1706.

Doctrina Chriſtiana. *Romæ* 1664.

Molterus de Forma & Quantitate Anni Diluviani.
Francfurti 1618.

Præadamitæ.   1655.
Interim adultero-Germanum. ————1549.
Joh. Lod. Vivis Valentini de Veritate Religionis
    Christianæ.   Basileæ 1544.
Castellionis Dialogi IV.   Aresdorfii 1578.
Fasciculus Epistolarum Latinè & Gallicè.   Eleu-
                                      theropoli 1676.
Eccardi Cathechesis Theotisca; Ulmeri Symbola
    Veteris Ecclesiæ; Halleri sententiæ Juris Ca-
    nonici Orthodoxæ; Catechesis Palatina, ejus-
    demque Paraphrasis Heroica Pincieri Chyfræi;
    Oratio de Statu Ecclesiarum Orientis. ————
Elenchus Scriptorum in Sacram Scripturam.
                                       Londini 1682.
Aureæ Divi Thomæ Aquinatis summa.   Florentini
                                              1521.
Catechismus Græcè & Latinè; Ed. Henr. Stephani.
                                              1563.
J. W. Romæ Animale Exemplum cum Fig.
                                              1678.
Joannou tou Chrysostomou peri proseuches Biblia
    duo.   Brixiæ 1685.
Characteristicks of Men, Manners, Opinions,
    Timers.   1711.
A discourse concerning the Being and Attributes
    of God, the Obligations of Natural Religion
    and the Truth and certainty of the Christian
    Revelation. by Samuel Clarke.   Londini 1711.
Reflexions on an Anonymous Pamphlet Entitu-
    led A discourse of free Thinking; by William
    Whiston.   London 1713.
Bericht von dem Ursprung und fortgang der gottseeligen
    Gesellschaft in der Sttad London.   *Berlin* 1700.
Le Vray Christianisme de Arndt en Russien.
                                            2. Vol.

Algemeine Schule der wahren Weisheit. Francf. 1710.
Livre de Cantiques Allemands : Halle 1733. 2. Vol.
Bilder Bibel.   Nuremberg 1702.
Kempis en Allemand   Leipsig 1717.
Kurtzer Entvurf der Göttlichen Wahrheiten von J.
     d'Outrein.   Berne 1705.
Ehstniches Haus-und Kirchen-Buch.   1721.
Vitæ D. N. I. C. & Virginis Mariæ Illiricè conf-
     criptæ.   *Rome* 1638.
La Calunnia convincta.   *Torino.*
Historia de Riti Hebraici, di Leon Modena Rabi.
                                Venetia 1669.
Bayonaco diocesaco by ~ garren Catichima.
                                Bayonan 1733.
Las Vias ad ouvras da Deus enten L'olma &c.
                                Schafusa 1728.
Exercicio Spjrituala.   *Bayonan.*
Noela eta berce canta spiritual berriac.
Præparatiun sun la S. Schaina.   ~~Bayonan 1748.~~
Novi Testamenti Apocripha Germanicè. *Zurich* 1714.
Christophili Gratiani *Zeugnus der Wahrheit.* Bâle 1732.

LIVRES DE PHILOSOPHIE.

In Folio.

Bayeri Urano metria cum Figuris.   *Ulmæ.* 1648.
Hesperi & Phosphori nova Phœnomena Franc.
Blanchini.   *Romæ* 1728.
Digbei Demonstratio Immortalitatis Animæ ratio-
     nalis.   *Paris* 1655.
Aristotelis Opera.   *Aurel-Allob* 1605. 2.
C. Plinii secundi, Historiæ mundi Libri XXXVII.
                                Lugduni 1553.
                                        His-

Hiſtoria Naturale di Ferrante Imperato Napoli-
tano.   *Venetia* 1672.
Plotini Divini Illius è Platonica Familia Philoſo-
phia de rebus Philoſophicis Libri LIV.   *Ba-*
                                       ſilea 1559.
Onomaſticum Medic. Othonis Brunfelſii.   *Ar-*
                                    gentor. 1534.
Bernhardini Teleſii Conſentini de rerum natura
juxta propria principia Libri IX.   *Neapoli* 1586.
Trattato del legno foſſile minerale nuovamente
Scoperto.   *Roma* 1637.
Jani Planci Ariminenſis de Conchis minus notis
Lib. fig.   *Venetiis* 1739.
Martini Liſter Hiſtoria Conchiliorum cum fig.
                                  Londini 1685.

In *Quarto*.

Sermones in ſecundo ſolemni Academiæ Scien-
tiarumImperialis conventu recitati. *Petropoli* 1726.
Comentarius Academiæ ſcientiarum Imperialis Pe-
tropolitanæ.   *Petropoli* 1728. 8. Vol.
Piéces qui ont remporté les 2. prix de l'Acade-
mie Royale des Sciences.   *Paris* 1721.
Miſcellanea Berolinenſia ex ſcriptis Societatis Scien-
tiarum. fig.   *Berolini* 1710. 4.
Nievventyt. Regt Gebruik der verelt &c. *Amſterd.*
                                          1720.
Elemens de Mathematiques par Preſtet. *Paris* 1701. 2.
Obſervations Mathematiques, Aſtronomiques, Geo-
graphiques, Chronologiques & Phiſiques du
Pere Souciet.   *Paris* 1729. 2.
Nicolai Bion Mathematiſche VVerckſchul. *Nu-*
                                   remb. 1713. 2.
                                            Ca-

Cavalerii Geometria Indivisibilium. *Bononiâ* 1653.
Quadri Tavole Gnomoniche.   *Bologna* 1733.
Gregorii Astronomiæ Phisicæ & Geometricæ Elementa.   *Genevæ* 1726. 2. Vol.
De l'Hopital, Analyse des Infinimens petits.   *Paris* 1716.
Comentaire sur l'Analyse des Infinimens petits par Mr. de Crouzas.   *Paris* 1721.
Danielis Bernoulli, Joh. Fil. Hydrodynamica.
Wolfii, [Christiani] Elementa Matheseos Universæ.   *Genevæ* 1732. 2.
Ejusdem Opera Philosophica.   *Francf. & Lipf.* 1728. 4.
Ejusdem Psychologia Empirica.   *Francf. & Lipf.* 1732.
Ejusdem Psychologia Rationalis.   *Francf. & Lipf.* 1734.
Ejusdem Theologia Naturalis.   *Francf. & Lipf.* 1736. 2.
Ejusdem Philosophia Practica Universalis.   *Francf. & Lipf.* 1739.
Ejusdem *Entdeckung der wahren Ursache von der wunderbahren Vermehrung des Getreides &c.*   *Hal.* 1725.
Collection de diverses Piéces contre Mrs. Wolf. & Leibnitz.
Leibnitzii Principia Philosophiæ.   *Francf. & Leipf.* 1728.
Stahlii négotium Otiosum.
Volfii, de differentia nexus rerum, sapientis & fatalis necessitatis.   *Halæ Mag.* 1724.
Comentatio de Deo, Mundo & Homine atque fato.   *Francf. & Lipf.* 1726.

Piéces contre Monsieur de Leibnitz.

Dilucidationes Philosophicæ de Deo, anima humana, mundo, &c. operâ Georg. Bernh. Bulfingeri.   *Tubingæ* 1725. 2. Vol.

Phoronomia, sive de viribus & motibus corporum, ab Hermanno.   *Amstelæ.* 1716.

L'Home de Descartes avec les Remarques de Mr. de la Forge.   *Paris* 1677.

Les Méditations de Descartes 3. Edit.   *Paris* 1673.

La Methode de Descartes.   *Paris* 1668.

Les Principes de la Philosophie de Descartes.
                                                     Paris 1668.

L'Art de convertir le Fer forgé en Acier par Mr. de Reaumur.   *Paris* 1722.

Traité de l'Aurore Boreale par Mr. de Mairan.
                                                     Paris 1733.

Conjectures Phisiques par Nicolas Hartsoeker.
                                                   Amst. 1706. 3.

If. Nevvton, Philosophiæ Naturalis Principia Mathematica.   *Genev.* 1739. 2.

————— Optice.   *Lauf.* & *Gen.* 1740.

————— Aritmetica Universalis. *Lugd-Bat.* 1732.

————— Philosophiæ Naturalis Principia Mathematica.   *Amstel.* 1714.

L'Optique de M. Nevvton traduite par Mr. Coste.   *Paris* 1722.

La Geographie Phisique de Woodvvard. *Paris* 1735.

D. Edmundi Dickinsoni, M. D. Phisica vetus & vera.   *Londini* 1702.

Rob. Boile Opera Omnia.   *Venetiis* 1697. 3.

Opere di Francesco Redi, cum fig. *Venezia* 1712. 4.

Risposta Apologetica de P. Maestro D. Guido Grandi.   *Luques* 1712.

Trattato de rimedi per le malattie de Corpo
                                                   Padova 1709.

L'Aftrologia convinta di falfo.   *Venezia* 1685.
Vallifnieri Opere Fifiche.   *Padoue* 1709. 9. Vol.
Vogli de Antropogonia.   *Bononiæ* 1718. 2.
Bonito Terra Tremante.   *Neapoli* 1691.
Dialogo di Galileo Galilei Linceo. *Fiorenza* 1710.
Marefcoti Tractatus de Variolis.   *Bononiæ* 1723.
Saggi Di Naturali Efperienze &c.   *Venezia* 1711.
Befchreibung der - Natur Gefchichten des Schweitzer-
lands, von Johann Jacob Scheuchzer; avec fig.
                                 Zurich 1706. 6. Vol.
Scheuchzeri Jobi Phifica facra.   *Zurich* 1721.
——————— Itinera Alpina tria.   *Londres* 1708.
Jof. Ant. Gonçales, Differtatio de duplici Terra.
   Elzev.   *Lugd-Bat.* 1650.
Caroli Nic. Langii Hiftoria Lapidum figuratorum
   Helvetiæ. fig.
                                  Venetiis 1708.
Saxonia & Silefia fubterranea; fig.
Th. Burneti Theoria Telluris facra. fig. *Amft.* 1699.
M. D. S. Butners Rudera Diluvii Teftef, fig.
                                  Lipfiæ 1710.
Martini Lifter Tractatus tres, unus de Araneis,
   alter de Cochleis, tertius de Cochleis marinis.
   fig.   *Londini* 1678.
Helving Lithographia Angerburgica. *Regiom.* 1717.
Fortunii Liceti Litheofphorus five de Lapide Bo-
   nonienfi.
                                   Utini 1640.
Varii Tractatus Phifici & Mathematici.
Differtation touchant l'Origine du Nil, trad. du
   Latin de Voffius.
                                 Paris 1667.
Offervazioni Naturali in torno al mare ed alla gra-
   na detta Kermes Lezioni Academiche d'Evan-
   gelifta Torricelli.
Projet de la Refolution du fameux Probleme
   touchant la Longitude fur Mer, par Leonhar
   Criftophle Sturm.

Fred. Ruifchii. Thefaurus Animalium primus, cun
fig. Joh. Baptiftæ Morgagni Nova Inftitutio-
num Medicarum Idea Franc. Travagini Phifica
Difquifitio. Diflertatio Philofophica de Terræ
motu. (En un volume.)
Varii Tractatus Logici & Phifici.
Varii Tractatus Phifici & Mathematici.
Varii Tractatus Phifici ; cum fig.
Varii Tractatus Phifici cum fig.   2. Vol.
Collectio Differtationum Philofophico-Theologi-
carum. Il y en a 80.   2.
Philofophicæ Difputationes. Il y en à 74.
Pauli Jordani Liber de ternario numero corpus
Phyficum perficiente.   *Patavii* 1590.
Ariftotelis Loca Mathematica.   *Bononiæ* 1615.
L'Orivolo da polfo de medici, Ouvrage de Floyer
traduit de l'Anglois.   *Venife* 1715.
M. T. Ciceronis Opera Omnia.   1606.
Joh. Wilkins Vertheidigter Copernicus. *Nur.* 1713.
La Theorie de la Terre en Anglois par Mr
Whifton *In 8o.*   *Londres* 1722.
Le même Ouvrage en Allemand.   *Francf.* 1713.
T. S. J. F. Curiofitates Philofophicæ, cum fig.
                                   Londini 1713.
Elementa de rerum naturalium gravitate, pondere
&c. autore Andrea van Berlicom.   *Roterd.* 1656.
Velfchii Hecatofteæ. Obfervationum Phyfico Me-
dicarum &c. cum fig.   *Aug-Vin.* 1675.
—————— Differtatio de venæ medinenfi five de
dracunculis Veterum.   *Aug-Vind.* 1674.
—————— Vita.   *Aug-Vind* 1678.
De Chimicorum cum Atiftotelicis & Galenicis
confenfu & diffenfu.   *Vitteberga* 1629.
                                                    Jo.

Johann. Frid. Hombergk zu Bach, Themis.
                Marb. Cat. 1725.

Nizolii Antibarbarus Philosophicus.   *Francf.* 1674.

Joh. Leon. Frisch. Beschreibung von allerlei In-
    secten cum fig.   *Berlin* 1720.

Renati Des Cartes Principiorum Philosophiæ. Pars
    1. & 2. per Bened. de Spinosa.   *Amsterd* 1663.

Idearum Operatricium Idea. aut. Joh. Marco Marci
    cum fig.   1635.

Morhofi Dissertatio de Scypho vitreo   *Kiloni* 1683.

Vita Jacobi Bernoullii; Jac. Bernoullii ars Conjec-
    tandi, Tractatus de seriebus infinitis. Lettres
    sur les parties de Jeu de paume.

Abregé des Mathématiques par Mr. Hermann. fig.
                             Petersb. 1728.

Traité de la Lumiére par C. H. D. Z.   *Leide* 1690.

Johann. Fernelii Ambiani Opera medicinalia.
                             Venetiis 1566.

Gabr. Fallopii de medicatis Aquis.   *Venetiis* 1564.

Anticopernicus Catholicus, aut. Georg. Polacco
    Veneto   *Venetiis* 1644.

Moseo ò Galeria del Signor Canonico manfredo
    Settala.   *Tortona* 1677.

Tre Libri della Sostanza & forma del mundo.
                               Venise 1545.

Bayeri Uranometria.   *Aug-Vind.* 1654.

La vana Speculazione disingannata dal senso di
    Augustino Scilla; cum fig.   *Napoli* 1670.

Difela delle Considerationi intorno alla generazio-
    ne dè Viventi   *Ferrare* 1714.

Esercitationi Philosophiche di Rocco. *Venetia* 1632.

Cæsalpini de Metallicis Libri tres.   *Roma* 1596.

Nigriloli Considerazioni intorno alla generazione
    dè viventi.   *Ferrare* 1712.

B

Bartholi

Bartholi del Ghiaccio è della Coagulatione. Bologne 1682.

————— del fuono è del l'Udito. Bologne 1686.

Telefii varii Libelli de naturalibus Rebus. Venetiis 1590.

Stenonis Myologiæ fpecimen. Florent. 1677.

Phil. Fabri adverfus Impios, Atheos Difputationes IV. Philofophicæ. Venetiis 1627.

Geometriæ Speciofæ Elementa. Bononiæ 1559.

LIVRES DE PHILOSOPHIE

In 8vo.

Prœlectiones Aftronomicæ, aut. Whifton. Cantabrig. 1707.

Aftronomical Principies of. Religion natural and reveald by Whifton. London 1717.

Varenii Geographia Generalis. Cantabrig. 1712.

Gulielmini de principio Sulphureo differtationes. Venetiis 1710.

————— de Salibus differtatio Epiftolaris. Venetiis 1705.

Trattato della China Chino di Bernardino Zendrini. Venezia 1715.

Rifpofta del fignor Abbate Conti. Venezia 1716.

Lo Specchio Uftorio. Bologna 1650.

Woodvvard Natural Hiftori of the Earth. Londres 1723.

————— The ftate of Phyfick. Londres 1718.

————— Naturalis Hiftoria Telluris. Londini 1714.

————— Natural Hiftori of the Earth. Londres 1726.

Whifton Prœlectiones Phifico - Mathematicæ. Cantabr. 1710.

Three

Three Phisico-Theological Discourses by John Ray.   *London* 1713.
De mente Humana, Aut. Petr. de Crofa.   *Groningæ* 1726.
Joh. Raphfon, Demonftratio de Deo. *Londini* 1712.
Hugo Grotius de Jure Belli & Pacis cum not. J. F. Gronovii ap. Vettft.   *Amft.* 1702. 3. Vol.
S. Puffendorf de Officio Hominis & Civis, curante Webero.   *Francf. ad M.* 1705.
Bulfingeri Moralis & Politica Veterum Sinarum.   *Francf. ad M.* 1724.
Puffendorf. cum notis Titii.   *Lipfiæ* 1715.
Ouvrage pour & contre les fervices étrangers par Mr. de Bochat. *Lauf. & Gen.* 1738. 3. Vol.
S. Gravefand Philofophiæ Neutonianæ Inftitutiones.   *Lugd-Bat.* 1723.
L'Optique des Couleurs par le Pére Caftel.   *Paris* 1741.
Elémens de Mathématiques par Mr de Traytorrens.   1725.
La Figure de la Terre par Mr. de Maupertuis.   *Paris* 1738.
Abrégé de l'Effai de Locke traduit par Mr. Boffet.   *Londres* 1720.
Verfuch vom wefen des Geiftes von Chriftian Thomafen.   *Halle* 1709.
Joh. Egger Difquifitio Philofophica Anti-Huetiana de Viribus mentis humanæ *Bernæ* 1735.
Effai d'une nouvelle Theorie de la manœuvre des Vaiffeaux par Jean Bernoulli. *Bâle* 1714.
Elémens de la Philofophie de Neuvton par Mr. de Voltaire.   *Amft.* 1738.
Joh. Bapt. Portæll Phytognomonica, cum fig.   *Francf.* 1608.

La Bibliotheque des Philosophes, & des Savans anciens & modernes par Gauthier. *Paris* 1723. 2. V.

Malebranche, Recherche de la Vérité. *Paris* 1712. 4. V.

Vallisnieri, Dialoghi sopra la curiosa origine di molti Insecti. *Venezia* 1700.

———— Raccolta d'Osservazioni e d'esperienze. *Venezia* 1710.

Varii Opusculi di Fisica.

Dav. von der Becke Experimenta & Meditationes. *Amburgi & Fer.* 1668.

La notomia dell'Acqu'a. *Padoue* 1715.

Gherli, Il Proteo Metallico. *Venise* 1721.

J. H. Zannichelli, Promptuarium Remediorum Chymicorum. *Venise* 1701,

Histoire de l'Académie de l'Institut par Mr. de Limiers. av. fig. *Amst.* 1723.

Wolf. Versuche der Natur und Kunst. Halle 1727. 3. V.

———— *Gedancken von den Würckungen der Natur.* *Halle* 1725.

———— *Gedancken von Gott, der Welt, und der Seele des Menschen.* *Halle* 1720.

———— *Anmerckungen über die Gedancken von Gott* &c. *Francf.* 1724.

———— *Gedancken von den Absichten der Naturlichen Dingen.* *Francf. & Leipf.* 1726.

———— *Gedancken von den Kräften des Menschlichen Verstand.* *Halle* 1727.

———— *Gedancken von dem Gebrauche der Theile in Menschen, Thieren und Pflantzen.* *Francf. & Leipf.* 1730.

———— *Gedancken von der Menschen Thun und Laßen.* *Francf. & Leipf.* 1728.

Hoffmans Gedancken über H. Christl. Wolf Logic. *Leipsig* 1729.

Dan.

Dan. Strählern, Prüfung der Gedancken H. Wolffes
  von Gott &c. Jenæ.   1723.
Joh. Fr. Buddæi, Bedencken uber die Wolffianische
  Philosophie.   Francf. 1724.
Wolff, Refutation du Livre precedent, en Alle-
  mand.
—— Ausführliche Nachricht von seinen eigenen
  Schriften.   Francf. 1726.
Entscheidung einiger zwischen H. P. und P. Langen
  und H. Wolfen &c.   Francf. 1725.
Joh. Ad. Gehrs Unerkante Gerichte Gottes. Leipz. 1725.
Joh. Ulr. Cramers Auflösung der Zweifel H. Jac. Fr.
  Mullers.   Marburg 1730.
Horæ subsecivæ Marburgenses.   Francf. & Lips.
                      1729. 5. Vol.
Wolfii Logica.   Francf & Lips. 1740.
La Logique de Mr. Wolf.   Berlin 1736.
Thummigii Institutiones Philosophiæ Wolffianæ.
          Francf & Lips. 1725. 2. Vol.
—————— Meletemata.   Brunsv. 1727.
Ratio Prælectionum Wolffianarum in Mathesin &
  Philosophiam Universam.   Hal-Magd. 1728.
Principia quædam Metaphisicæ Wolffianæ.   Col-
                      Allob. 1737.
Bulfingerus, de Origine & permissione mali præ-
  cipuè Moralis.   Francf & Lips. 1724.
Leibnitzii Varia Opuscula.   1696. 7. Vol.
Essais de Theodicée par Mr. de Leibnitz, avec
  sa vie p. Mr. de Neufville. Amsterd. 1734. 2. Vol.
Epistolæ Leibnitzii ad diversos, Ed. Kortholt.
              Lipsiæ 1734. 4. Vol.
Bulfingeri de Harmonia præstabilita ex mente Leib-
  nitzii Comentarius.   Francf & Lips. 1723.
Defense du Sisteme Leibnitien par Mr. Emer. de
  Vattel.   Leiden 1741.

Lettres de G. des Noues & de Mr. Guglielmini.
           Rome 1707.

Essai d'Optique sur la Gradation de la lumiére
 par Mr. Bouguer.   *Paris* 1729.

Zoologia.   *Tiguri* 1709.

Henrici Cornelii Agrippæ Opera. *Lugduni.*

Les Institutions Pirroniennes de Sextus Empiri-
 cus.   1725.

Le Monde de Descartes. *Paris* 1664.

Dissertation sur les vapeurs qui nous arivent, par
 Mr. Viridet.   *Yverdun* 1726.

Th. Bartholi de Cometa consilium medicum ,
 cum monstrorum nuper in Dania natorum His-
 toria.   *Hafniæ* 1665.

Dissertation sur la Glace par Mr. de Mairan. 1729.

Refutation de Spinosa avec sa vie. *Brusselles* 1731.

Antonii le Grand Historia naturæ. *Norimb.* 1678.

Essai sur l'Home par Pope avec l'Examen de Mr.
 de Crousaz.   *Lausanne* 1737.

Comentaire sur la Traduction en Vers de Mr.
 l'Abbé du Resnel de l'Essai de Pope par Mr.
 de Crousaz.   *Genève* 1738.

Dissertation sur la dureté, la molesse , & la flui-
 dité des Corps par le P. de Lozeran du Fech.
        Bordeaux 1735.

Joh. Muralti Phisicæ compendium. *Tiguri* 1694.

Pererius, de Magia, de Observatione somniorum
 de Divinatione Astrologica. *Col. Agrip.* 1598.

Reponse de l'Auteur de la Recherche de la vé-
 rité au Livre de Mr. Arnaud. *Amst.* 1684.

Exercitationes Paradoxicæ adversus Aristoteleos,
 Aut. Gassendo , ap. Elzev. *Amst.* 1649.

Abregé de la Philosophie de Gassendi par Ber-
 nier.   *Paris* 1675.

              La

La Vie de Descartes.   *Paris* 1683.
Lettres Philosophiques sur divers sujets.   *Trevoux*
                                             1703.

Schutteri Fossilium & Mineralium descriptio.
                                        Lipsiæ 1720.

Boccone, Recherches & Observations Naturel-
les.   *Amst.* 1674.
Glauberi Opus Minerale.   *Amst.* 1651.
Pinax rerum naturalium Britannicarum Merretti.
                                        Londini 1667.
Scheuchzeri Specimen lithographiæ Helveticæ.
                                        Tiguri 1702.
Mylii Catalogus rerum naturalium.   *Lipsiæ* 1716.
Sam. Carlii Lapis Lydius.   *Francf.* 1704.
Toll, Gemmarum & Lapidum Historia.   *Lugd-*
                                        Bat. 1636.
Bocconi Osservazioni naturali.   *Bologne* 1684.
Traité des pierres par Nicolas Venette. *Amst.* 1701.
Ludovici de Comitibus Metallorum elucidatio.
                                        Col-Agrip. 1665.
Em. Schvedenborgii Miscellanea Observata. *Lipf.*
                                             1722.
Specimen Geographiæ Phisicæ Woodwardi. *Ti-*
                                        guri 1704.
Reiisky Comentatio Phisica de Glossopetris.
                                        Norimb. 1687.
Scheuchzeri Museum diluvianum, cum fig. *Tiguri*
                                             1716.
Liebknecht Discursus de Diluvio maximo. *Francf.*
                                             1714.
Camerarii Dissertationes Taurinenses. *Tubing.* 1712.
Becckeri Phisica Subterranea. *Lipsiæ* 1703. 2. Vol.

                                    AU-

AUTEURS CLASSIQUES.

In 8vo.

Aeliani Varia Historia Græcè & Latinè.   *Lugd-Bat.* 1701. 2. Vol.

Historiæ Poeticæ scriptores Antiqui Græcè & Latinè.   *Parisiis* 1675.

Herodiani Historiarum Libri VIII.   *Argent* 1694.

Diogenis Laertii Libri X. Ed. Steph.   *Parisiis* 1594.

Opuscula Mythologica, Ethica & Physica, Græcè & Latinè.   *Cantabri* 1671.

Epicteti Enchiridion Græcè & Latinè. *Cantabri* 1655.

Euripidis Tragœdiæ Græcè & Latinè. *Heidelb.* 1697.

Hermogenis Ars Oratoria,   *Col. Allob.* 1614.

Homeri Interpres.   *Argent.* 1539.

Aphtonius, Hermogenes, & Longinus Rhetorici.   1570.

Luciani Opera Græcè & Latinè.   *Basileæ* 4. Vol.

Lysiæ Orationes Græcè & Latinè.   *Marbur.* 1683.

Diogenes Laertius.   *Lugduni* 1559.

Isocrates Græco-Latinus.   *Basileæ.*

Les Oeuvres de Lucrece, Latin-François.   *Paris* 1708. 2. Vol.

Terentius cum notis Variorum.   *Lugd-Bat.* 1662.

Justini Historiæ cum notis Variorum. *Lugd-Bat* 1701.

Cornelius Nepos.   *Lugd-Bat.* 1695.

Crispus Sallustius.

Velleius Paterculus.   *Lugd-Bat* 1653.

Aulus Gellius, Noctes Atticæ.   *Venetiis* 1565.

Demosthenis Orationes.   *Francf.* 1547.

Appiani de Expeditione Alexandri Libri VIII. *Basileæ* 1537. Opus Onosandri Platonici de Optimo Imperatore, Raphaelis Volaterani de Principis

⚘ (25) ⚘

cipis Ducisque officio. Agapeti Diaconi de Ofi-
cio Regis. Plutarchi Chæronei de Doctrina
Principum. *Basileæ* 1541
Theognidis Sententiæ Elegiacæ. *Basileæ* 1561
Sententiæ ex Fabulis Veterum Comicorum. *Pa-*
risiis 1553

Procli de Sphæra Liber. Cleomedis de Mundo
libri II. Arati Solensis Phœnomena. Dionysii
Afri Descriptio Orbis Habitabilis. *Basileæ* 1547.
Homeri Opera Græcè & Latinè. Apud Westen.
Amsteld. 1707. 2. Vol.

Æliani variæ Historiæ Libri XIV. græcè & La-
tinè. *Col. Allob.* 1630.
Claudii Æliani de Animalium natura, Libri
XVII. 1611.
Vetustissimorum Authorum Georgica, Bucolica &
Gnomica.
Apophtegmata Græca ex Plutarcho & Diogene
Laërtio, cum interpretatione Latina. 1568.
Æsopi Fabulæ Græcè & Latinè. cum fig. *Gene-*
va 1628.
Berosi & aliorum De Chronologica Historia.
Lugd. 1554.

LITTERATURE

In Folio.

Le Blason des Armoiries par de Bara. *Paris* 1688.
La Henriade de Voltaire. *Londres* 1728.
Ludovici Cœlii Rhodigini Lectionum Antiqua-
rum Libri XVI. *Basileæ* 1517.

In 4to.

Bibliotheca Philosophica Authorum Classicorum
Chronologica. *Tiguri* 1592.

In

In 8vo.

Albert, Radicati, Comte de Pafferat, Recueil de
piéces Curieufes. *Roterd.* 1736.
Catalogue des Ouvrages de Mr. Fourmont l'Aîné.
Amfterd. 1731.
Les Poéfies Allemandes de Mr. le Docteur Hal-
ler. *Berne* 1734. 2. Vol.
Recueil de Litterature, Philofophie & Hiftoire.
Amft. 1730.
Petri Victorii Variarum & Antiquarum Lectio-
num Libri XXXVIII. *Argent.* 1639.
Le monde fou preferé au monde fage. *Amft.* 1731.
Lud. Schafsburi Mifcellanea. *London* 1711. 3. Vol.
Bullingeri Ratio Studiorum. *Tiguri* 1594.
Auteurs deguifés. *Paris* 1690.
Ottii Onomatologia. *Tiguri* 1671.
H. Hilleri mifterium Artis Stenographicæ. *Ulmæ*
1682.

Joh. Lomeieri de Bibliothecis. *Ultrajecti* 1690.
Th. Bartholini de Bibliothecæ Incendio. *Hafniæ*
1670.

Entretiens fur divers fujets, d'Hiftoire, de Litte-
rature, de Critique &c. *Cologne* 1711.
Entretiens d'Arifte & d'Eugène. *Paris* 1678.
Lettere Memorabili da Antonio Bulifon. *Pozzoli*
1698. 4. Vol.

Guida di Foreftieri per Pozzoli, cum fig. *Na-
poli* 1688.
Rifleffioni fopra il buon Gufto, intorno le Scienze
è le Arti. *Venezia* 1798.
Le Cerimonie, Comedia. *Venezia* 1728.
Donado della Litteratura de Turchi. *Venezia* 1688.
Fr. Baconis de fapientia Veterum. *Lugd-Bat* 1633.
——————— Sermones Ethici, Politici, Oeco-
nomici. *Lugd-Bat.* 1659.

——————— De Augmentis Scientiarum. *Lugd-Bat.* 1645.

——————— Scripta in Philosophia Universali. *Amst.* 1653.

——————— Novum Organum scientiarum *Lugd-Bat.* 1645.

——————— Historia Vitæ & mortis. *Lugd Bat.* 1637.

——————— Historia Naturalis de Ventis. *Lugd-Bat.* 1638.

Buchanani Poemata. *Lugd-Bat.* 1638.
Les Oeuvres de Clement Marot. *Lion.* 1687.

LANGUES.

In Folio.

Schindleri Oederani Lexicon Pentaglotton. *Hannov.* 1612.

Buxtorfii Lexicon Chaldaicum, Talmudicum & Rabbinicum *Basileæ* 1639.
Golii Lexicon Arabico-Latinum. *Lugd-Bat.* 1653.
Jobi Ludolphi Lexicon Æthiopico-Latinum, Editio 2a. Ejusdem Grammatica Æthiopica; Editio 2a. *Francf ad M.* 1699.
Jobi Ludolphi Grammatica Linguæ Amharicæ, vernacula Habessinorum. *Francf. ad M.* 1698.
Franc. Mar. Maggii syntagmaton Linguarum Orientalium Libri II. *Romæ* 1643.
Suidas ab Æmilio Porto Latinitate donatus. *Col-Allob.* 1619. 2. Vol.
Dictionarium Varini Phavorini Camertis. *Basileæ* 1538.
Scapulæ Lexicon Græco Latinum. *Aur Allob.* 1609.
Calepini Dictionarium octo Linguarum. *Basileæ* 1584.

Aelii Antonii Dictionarium. *Matriti* 1729.
Joh. Georg. Wachteri Gloffarium Germanicum.
Lipfiæ 1737. 2. Vol.
Joh. Wilkins, An Effai Tovvards a Real Cha-
racter and a Philofophical Language. *London*
1668
Edvvard L'huyd Archæologia Britannica. *Oxford*
1707.
Georg. Hickefii Linguarum Veterum Septentrio-
nalium Thefaurus. *Oxoniæ* 1705. 3. Vol.

In 4to.

Hiftoire de l'Origine des Langues de cet Univers.
Erici Humanæ Linguæ Genefis, Partis I. Tom. I.
Venetiis 1697.
Angeli Caninii Anglarenfis Inftitutiones Linguæ
Syriacæ Affyriacæ atque Thalmudicæ. *Parifiis*
1554.
Tremellii Grammatica Chaldæa & Syra. (2. Exem-
plaires) Henr. Stephani. 1569.
Eliæ Levitæ Opufculum Hebraicum. *Ifnæ in Al-*
gavia 1541.
Ziegenbalg Grammatica Damulica. *Hal. Sax.* 1716.
Pauli Fagii fententiæ Hebræè & Latinè. *Ifnæ in*
Algavia 1541.
Ignatii Grammatica Perfica. *Romæ* 1661.
Blancuccii jnftitutiones in Linguam Hebraicam.
Romæ 1608.
Sebaftiani Munfteri Grammatica Chaldaica. *Ba-*
fileæ 1527.

J. Buxtorfii, fil. Liber Cofri. *Bafileæ* 1660.
J. Buxtorfii fil; Differtatio de fponfalibus & di-
vortiis. *Bafileæ* 1652.
———— Differtationes Philologico-Theolo-
gicæ. *Bafileæ* 1662.

———— Anticritica. *Bafileæ* 1653,

———— Doctor perplexorum Majemonidis. *Bafileæ* 1629.

———— De punctorum &c. antiquitate. *Bafileæ* 1648.

———— Exercitationes facræ *Bafileæ* 1659.

Joh. Buxtorfii P. Tiberias. *Bafileæ* 1665.

Conftitutiones de primitivis Maimonidis à Crame-
ro exhibitæ. *Lugd-Bat.* 1702.

Wemmers Lexicon Æthiopicum It. hujus linguæ
Grammatica *Romæ* 1638.

Thomæ Bangi Coelum Orientis. *Hauniæ* 1657.

Schröderi Thefaurus Linguæ Armenicæ *Amft.* 1711.

Erpenii Rudimenta Linguæ Arabicæ, adjecto flo-
rilegio fententiarum Arabicarum, à Schultens.
Lugd-Bat. 1733.

Hottingeri Thefaurus Philologicus. *Tiguri* 1696.

Oratio Dominica Polyglottos. *Londini* 1700.

C. Ravii de Scribendo Lexico Arabico-Latino Dif-
fertatio. *Ultraj.* 1643.

———— Prima tredecim partium Alcorani Arabi-
co-Latini. Excerpta M S. Turcici, quod de co-
gnitione Dei & hominis fcriptum eft & miffa
à M. A. Mullero. *Col. Brand.* 1665.

Excerpta nonnulla ex Comentario inedito R. Aha-
ronis Ben Jofeph, à J. Lud. Frey. *Amft.* 1705.

Sol Angliæ Oriens. *Lond.* 1660.

De figlis Arabum & Perfarum Aftronomicis (ces
fept piéces font reliées en un Vol.) *Lond.* 1648.

Hottingeri Smegma Orientale. *Heidelb.* 1658.

J. Rhenferdii Periculum Palmyrenum. *Franeq.*
1704.

Periculum Phœnicium: præfide Jac. Rhenferdio.
Franeq. 1706
Chrift.

Chris. Cellari Horæ Samaritanæ.   *Cizæ* 1682.
Epiſtolæ Samaritanæ Sichemitarum ad Jobum
 Ludolphum.   *Cizæ* 1688.
M. And. Acoluthi Obadias Armenus. *Lipſiæ* 680.
Epiſtola ad Ebræos in purum Idioma Ebræum
 translata a Fr. Alb. Chriſtiano. (Ces 4. pieces
 ſont en un Volume)   *Lipſiæ* 1676.
J. Bapt. Podeſta; Theriaca contra Viperinos mor-
 ſus.   *Vien. Auſt.* 1677.
Du Ryer Rudimenta Grammatices linguæ Turci-
 cæ.   *Pariſiis* 1630.
Geraſſimi Ulachi Theſaurus Encyelopædicæ Baſis
 quadrilinguis.   *Venetiis* 1659.
Julii Pollucis Onomaſticon.   *Baſileæ* 1536.
J. Merceri Tabulæ Chaldææ.   *Pariſiis* 1560.
Schuparti Secta Karreorum.   *Jenæ* 1701.
Suiceri Lexicon Græco Latinum & Latino-Græ-
 cum.   *Tiguri* 1683. 2. Vol.
Grammatica of ſingaleeſche Taal Kunſt door J.
 Ruëll.   *Amſt.* 1708.
Dictionaire Anglois François & François Anglois
 par Gui Miege.   *Londres* 1679.
Bellæ Lexicon Italico-Latinum Illiricum. *Veniſe*
   1728.
Jacobi Palmerii Exercitationes in optimos Auto-
 res Græcos.   *Lugd-Bat.* 1668.
Elmenhorſtii Obſervationes ad Arnobium. Deſi-
 derii Heraldi Animadverſiones ad Arnobii Lib.
 VII. (relié avec le précedent.)
Recueil de diferentes Diſſertations Latines Hiſto-
 riques & Philologiques
Grævii Syntagma variarum Diſſertationum ra-
 riorum.   *Ultrajeĉt.* 1701.
Druſii Alphabetum Ebraicum Vetus. *Franeq.* 1587.
   Be-

Benj. Muſſaphiæ Memoria multa ; cura Caſp. Sei
  delii.   *Hamb.* 1638.
J. Grævii Elementa Linguæ Perſicæ.   *Londini*
                                      1649.
Joh. Chamberlaynii Oratio Dominica in diverſas
  linguas verſa ; avec un Suplement Manuſcrit de
  feu Mr. *Bourguet.*   *Amſterd.* 1715.
Hickeſii Inſtitutiones Grammaticæ Anglo - Saxo-
  nicæ & Mœſo - Gothicæ.   *Oxoniæ* 1689.
A Dictionary English Latin and Latin-English by
  Elisha Coles.   *London* 1677.
Didaci Colladi Ars Grammaticæ linguæ Japonicæ.
                        Romæ 1632.
————————— Dictionarium linguæ Japonicæ. *Ro-*
                             mæ 1632.
Theodori Bibliandri comentarius de ratione Co-
  muni omnium linguarum.   *Tiguri* 1548.
Alexandri de Rhodes Dictionarium Annamiticum,
  Luſitanum & Latinum.   *Romæ* 1651.
Seaman Grammatica Turcica.   *Oxoniæ* 1670.
Paolini Dictionario Giorgiano è Italiano.   *Romæ*
                                1629.

In Octavo.

Bayeri Muſeum Sinicum. *Petropoli* 1730. 2. Vol.
Dictionarium quadrilingue, Latino-Ungarico-Grœ-
  co-Germanicum Alb. Molnar Szencienſi & J.
  Chiſtop. Beer.   *Norimb.* 1708.
Alb Molnar, Dictionarium Ungarico-Latino-Ger-
  manicum.   *Norimb* 1708.
Krobatiſche Catechiſmus.
H. Wilh. Ludolfi Grammatica Ruſſica. *Oxoniæ*
                                1696.

Th. Benfon Vocabularium Anglo - Saxonicum.
Oxoniæ 1701.
Werndly Maleifche fpraachkunft. Amft. 1736.
Scheidii Promptuarium Herodiani. Argent. 1662.
Alphabetum Æthiopicum, Ibericum, Armenum, Cophtum, Græcum, Chaldaicum antiquum &c.
Romæ

Coles, Englifh Dictionary. London 1677.
Gui Miege Nouvelle Methode pour aprendre l'Anglois.
London 1685.
Nuovo & ampio Dittionario Italiano Francefe-Tedefco da Ant. Udino. Francf. 1674.
Joh. Buxtorfii Thefaurus Linguæ Sanctæ. Bafileæ
1651.

———————— Synagoga Judaica. Bafileæ 1680.
———————— De Abbreviaturis Hebraicis. Bafileæ 1613.

———————— Inftitutio Epiftolaris Hebraica. Bafileæ 1629.

Lexicon Hebraicum. Bafileæ 1631.
J. Henr. Othonis Lexicon Rabbinico - Philofophicum.
Genevæ 1675.
Altingi Grammatica Hebræa. Georg. Cfipkes Schola Hebraica. Varneri Differtatio de vitæ termino. Mofis Kimchi Odoiporia ad fcientiam a Conftantino l'Empereur illuftrata. Lugd-Bat.
Ab. Ruchat Grammatica Hebraica. Lugd-Bat 1707.
Munfteri Opus Grammaticum confummatum. Bafileæ 1541.

———————— Proverbia Salomonis. 1524.
———————— Grammatica Hebraica Abfolutiffima. 1525.
Capitula Cantici, fpecierum, proprietatum & officiorum ab El. Levita, editum & per Seb. Munfterum latinè verfum. Rabbi Simeonis Logica, per Sebaft. Munfterum latinè verfa. Bafileæ. 1527.

Roberti Bellarmini Institutiones Hebraicæ. *Coloniæ*
1580.

Chronologia Hebræorum major, cùm versione
Latina Genebrardi. *Basileæ 1580.*

Simeonis Verrepæi, de Epistolis Latinè conscri-
bendis. (ces trois piéces en un Vol.) *Antverp.*
1577.

Eliæ Judæi, Accentuum Hebræorum Liber.
Basileæ 1539.

N. Clenardi Tabula in Grammaticam hebræam.
Parisiis 1544.

Sepher Massoret Hebraicè. (ces trois piéces en
un Volume) *Basileæ 1539.*

Davidis Flud à Giffen Epistola ad Joh. Braunium.
Amst. 1686.

Alexandri Scot, Universa Grammatica Græca.
Col. Allob. 1613.

Corona pretiosa, laqual insegna la Lingua Græca
volgare &c. *Venetiis 1546.*

Synopsis Radicum Græcarum. *Lugdun. 1621.*

Alb. Molnar Grammatica Ungarica. *Hanov.*
1610.

Rambachs Anvveisung zur Estischen Sprache.
Hale 1732.

Clodii Compendiosum Lexicon Latino - Turcico-
Germanicum; accessit triplex Index cum Gram-
matica Turcica. *Lipsiæ 1730. 2. Vol.*

Franc. Blanchi Dictionarium Latino-Epiroticum.
Romæ 1635.

Drusii Observationum Libri XII. *Antverp. 1584.*

Emman. Alvari, de Institutione Grammatica.
Romæ 1637.

Traité de la parole, langues & écritures par Mr.
Comiers. *Brusselle 1691.*

Ab Helmont, Alphabetum verè naturale Hebrai-
cum, cum fig.   *Sulzbaci* 1667.
Ramſay Tacheographia Latino Gallica, ou L'art
d'écrire auſſi vite qu'on parle.   *Paris* 1683.
Briani Walton Diſſertatio de Linguis Orientali-
bus &c.   *Davent.* 1658.
Erici Principium Philologicum.   *Patavii* 1686.
Becheri Clavis Convenientiæ linguarum. *Francf.*
                                       1661.
Mithridates Geſneri.   *Tiguri* 1610.
Lettres Critiques, où l'on voit les ſentimens de
Mr. Simon.   *Bâle* 1699.
Ortſi Franco Gallia.   *Baſileæ* 1670.
Dictionaire Etimologique des mots François em-
pruntés des autres langues.   *Geneve* 1666.
Williams a Key into the Language of Ame-
rica.   *London* 1643.
Omolloy Grammatica Latino-Hibernica. *Romæ*
                                      1677.
Threſor des Langues Françoiſe, Eſpagnolle, &
Baſque.   *Bayona.*
De Larramendi Arte de la lingua Baſcongada.
                                 Salamanca 1729.
Oudin Grammaire Eſpagnolle.   *Bruſſelles* 1686.
Mureti variarum Lectionum libri XV. *Pariſiis* 1586.
Petri Victorii Explicationes ſuarum in Ciceronem
caſtigationum.   *Lugduni* 1540.

HISTOIRE.

In Folio.

Plutarchi quæ extant omnia cum interpretatione
Hermanni, Cruſerii & Gulielmi Xilandri. *Franc-*
furti 1620. 2. Vol.

Photii Miriobiblon typis Ol. Paul. Stephani. 1611.
Joh. Stobæi Sententiæ,   *Tiguri* 1543.
———————— Eclogarum libri duo. *Antverp.* 1575.
Herodoti Musæ ex Laur. Vallæ interpretatione
   cum Apologia H. Stephani.
Xenophontis Opera Omnia.   *Basileæ* 1545.
Memoires de Jean Du Tillet.   *Rouen* 1578.
Discours historial de l'Antique & Illustre Cité de
   Nimes par J. P. d'Albenas.   *Lion* 1560.
Demsterus, de Etruria Regali *Florentiæ* 1723. 2. Vol.
Prodromus Iconicus, Sculptilium gemmarum Ba-
   silidiani de Musæo Ant. Capello. *Venetiis* 1702.
Flavii Josephi Opera.   *Aur-Allob.* 1611.
Ismael Abulfeda, De vita & gestis Muhammedis.
                    Oxoniæ 1723.
Les Oeuvres de Jean Sleidan , chez J. Crespin.
                          1566.
Magnalia Christi Americana.   *London* 1702.
Seb. Munster Cosmographie Universelle , par H.
   Pierre.   1556.

In Quarto.

De Bononiensi Scientiarum & Artium Instituto
   atque Academia Commentarii. *Bononiæ* 1731.
Saggi, di Dissertationi Accademiche dell'Anti-
   chissima Citta di Cortona. *Romæ* 1738. 2. Vol.
Histoire Universelle ; traduit de l'Anglois d'une
   Societé de Gens de Lettres. *A la Haye* 1732. 2. V.
Reflexions Critiques sur l'Histoire des Anciens
   Peuples par Mr. Fourmont. *Paris* 1735. 2. Vol.
Bianchini la Istoria Universale.   *Rome* 1697.
Laurentii Pignorii, Mensa Isiaca. *Amsterd.* 1669.
Galliæ Antiquitates quædam Selectæ , Maffei.
                    Parisii 1733.

Poe-

Poeme de Petrone avec deux Epitres d'Ovide &c.
Amst. 1737.

Histoire de Genève par Mr. Spon. *Genève* 1730. 2. V.

Chronologie de Neuyvton, avec un Recueil de dife-
rentes piéces sur cet ouvrage. *Paris* 1726.

Le Pompose Feste di Vicenza del 1680. fig. avec
d'autres piéces historiques & Philologiques.
Pataviæ 1680.

Histoire du Manicheisme, par Mr. de Beausobre.
Amsterd. 1734. 2. Vol.

Chronologie de l'Histoire sainte par Mr. des Vi-
gnoles. *Berlin* 1738. 2. Vol.

Historia Consensûs Sendo-miriensis, operâ D. E.
Jablonski. *Berolini* 1731.

Fabricii Lux Evangelii. *Hamburgi* 1731.

H. Ottii Examen in Annales Baronii. *Tiguri* 1679.

D. G. Gimma Idea della Storia dell'Italia Lette-
rata. *Napoli* 1723. 2. Vol.

Ph. Joh. de Strahlenberg Europa und Asia.
Stokolm 1730.

Les Etats & Empires du monde par le Sr. D. T.
V. Y. *Rouen* 1625.

Alex. Machiavelli Augustalis Theodosiani Diplo-
matis Apologia pro Archigymnasio.

Bayeri de Eclipsi Sinica. *Regiomont.* 1718.

———— de Horis Sinicis & Cyclo horario. *Pe-
tropoli* 1735.

———— Historia Regni Græcorum Bactriani (Ces
3. piéces sont en un Volume.) *Petropoli* 1738.

Les singularités de la France Antarctique. (Sans
titre).

Mentzelii Chinesiche Chronologia. *Berlin* 1696.

Martinii Historiæ Sinicæ Decas. 1ª. *Monachii* 1658.

Vossi Observationes ad Pomponium Melam de
situ Orbis. *Hagæ-Com.* 1658.

Nic. Claudii Fabricii de Peiresc Vita, aut. P. Gaſ-
ſendo.   Hagæ-Com. 1655.
Gedächtnus der letzten Trübſalen in Franckreich unter
  Carolo IX.   Bernæ.
Privilegium deren negocierenden Kauffleuten durch
  Ertz-Herzogin Claudia.   Botzen 1696.
De vita & moribus Philoſophorum & Poetarum;
  (titulus deeſt.)   Argent. 1516.
Solinus de Memorabilibus Mundi; (rellé avec
  le précédent.]   Spiræ 1515.

In 8vo.

Verona Illuſtrata;   Verone 1732. 4. Vol.
Petau, Abregé Chronologique de l'Hiſtoire, Uni-
  verſelle [le 3me Tom. manque.] Paris 1715.4. V.
J. A. Turretini Hiſtoriæ Eccleſiaſticæ Compen-
  dium.   Genève 1736.
Manicheiſmus ante Manichæos autore J. Chriſtop.
  Wolfio.   Hamb. 1707.
Mosheim vindiciæ Antiquæ Chriſtianorum Diſci-
  plinæ.   Hambourg 1722.
Lebenslauff Peter Heylings und Reiſe nach Ethiopien.
                                    Halle 1724.
Reis beſchreibungen 1°. in das gelobte Land, 2°. Die
  Inſul Jamaica, 3°. die Caribes Inslen, 4°. In A-
  friça.   Zurich. 1678.
Deſcription du Gouvernement préſent du Corps
  Germanique,   1741.
The Antiquity by John Webb.   London 1678.
Boeſii Miſcella.   Lugduni 1661.
Homes Illuſtres de Plutarque, d'Amioſt, Tomes
  2.   1613.
Mémoires du diferent entre le Pape & le Canton
  de Lucerne.   1727.

H. Alting Historiæ sacræ & profanæ Compen-
dium.   *Tiguri* 1707.
Dionys. Petavii Rationarii Temporum pars 2ª
                                   Parisiis 1634.
Relandi de Nummis Hebræorum. *Ultraj. ad R.* 1709.
Bernerisches Mausoleum.   *Bern* 1740.
Le Theatre sacré des Cévennes. 1. Partie. *Lon-*
                                   dres 1707.
Les Jésuites mis sur l'Echafaut.   1649.
Histoire des Jésuites.   *Utrecht* 1741.
Etat présent de l'Eglise Romaine par Cerri.
                                   Amst. 1716.
Relandi Antiquitates sacræ Hebræorum. *Traj. Bat.*
                                           1717.
——— De Spoliis Templi Hierosolymitani. *Traj.*
                                   ad R. 1716.
L'Esprit de Mr. Arnaud.   *Deventer* 1684. 2. Vol.
Huetii Commentarius de rebus ad eum pertinenti-
bus.   *Amst.* 1718.
Du renouvellement de l'Académie des Sciences
par Mr. de Fontenelle.   *Amst.* 1709.
Theophili Spizelii Elevatio Relationis Montezi-
nianæ.   *Bale* 1661.
Jac. Perisonii Animadversiones Historicæ. *Amst.*
                                           1685.
Natalis Comitis Mythologia, typis Jac. Crispini.
                                           1636.
Joh. Antonii Astorii, De Dîs Cabiris. *Venetiis* 1708.
Antiquités des Gaulois par Pezron. *Paris* 1703.
Memoires de Mr. le G. D. R. du Ministere de Ri-
chelieu & Mazarin.   *A la Haye* 1691.
Chroniques du Païs de Vaud.   *Lausanne* 1700.
Franckreich Bundnussen mit der Eydgnossshafft. Bern.
                                           1732.
En-

Enchiridion Chronologicum Tigurino Helveti-
cum.   *Zurich 1705.*
P. Bellonii Observationes latinè à C. Clufio Atre-
ba.   *Antverp. 1589.*
Nouvelle Histoire d'Abissinie, avec fig. *Paris 1684.*
Nouveau Voyage d'Italie, avec figures. *A la Haye*
                                        1694. 2. Vol.
Anecdotes fur l'état de la Religion dans la Chi-
ne.   *Paris 1733. 6. Vol.*
Keysler Antiquitates septentrionales & Celticæ,
                                       Hanovra 1720.
Succini Pruffici Historia, Autore M. Philip. Jac.
Hartmann.   *Francf. 1677.*
V. Gottfried Buchern Urfprung der Donau,
                                       Nuremb. 1720.
Giro del Mundo del G. F. Gemelli Careri Parte 2a.
                                       Napoli 1708.
Le Voïage de France.   *Rouen 1647.*
Voïages en la nouvelle France par Champlain,
                                       Paris 1627.
J. Arnold von Brand Reyfen, avec fig. *Vefel 1702.*
Der Juden Ceremonien, (deeft Titulus.)
Chronica, ab conter fayung entwerfung der Tur-
ckey von Latein durch Sebaft. Franck. (Re-
lié avec le précedent.)   *1531.*
Les Oeuvres morales de Plutarque , trad. par
Amiot.   *Paris 1578. 2. Vol.*
D. Chytræi, De Lectione Historiarum rectè infti-
tuenda.   *Argentini 1565.*
Ejufdem Chronologia Historiæ Herodoti & Thu-
cididis.   *Argentora 1565.*
M. Cor. Kempii Historia Frifiæ. *Col. Agrip. 1588.*
Phil. Theoph. Paracelfi Carinthiæ Defcriptio.
Japaniæ Defcriptio.

Gram-

Grangei de Bello Melitensi.   1582.
Bellum Africanum à Joh. Thom Fregio trans-
    latum.   Noriberg. 1581.
Jeraucurii Caracteres Halecum. (Ces 8. piéees
    font en un Volume.)   1588.
Antiquités perdues, par de la Noue.   Lion 1617.
Le Promptuaire de tout ce qui eft arrivé de plus
    digne de mémoire depuis la Creation du mon-
    de &c.   Paris 1579.
Le Cabinet Jéfuitique.   Cologne 1682.
Cuneus de Republica Hebræorum.   Amft. 1666.
Differtations Hiftoriques fur divers fujets par Mr.
    de la Crofe.   Roterd. 1707.
Ejufdem Vindiciæ Veterum fcriptorum contra J.
    Harduinum.   Roterd. 1708.
Adeifidæmon Tolandi.   Hag-Com. 1709.
Examen de la Differtation de l'Abbé de Vertot
    fur la Loi Salique.   Amft. 1727.
Centuries de Noftradamus avec fa Vie. Amft. 1668.
Confiderations fur les Lettres Circulaires de l'Af-
    femblée du Clergé de France.   A la Haye 1683.
Teftament Politique de Colbert.   A la Haye 1694.
Hadriani Junii Batavia.   Dordrecht. 1652.
De l'Etat préfent de l'Empire Ottoman, de Ri-
    gaut.   Amfterd. 1678.
J. Herbinii Religiofæ Kijovienfes Cryptæ. Jenæ
                                         1675.
Artificia Hominum miranda naturæ in Sina &
    Europa.   Francf. ad M. 1655.
P. Rami de moribus Veterum Gallorum. + Bafileæ.
La porte ouverte pour parvenir à la conoiffance
    du Paganifme, par Roger. fig. Amfterd. 1671.
                                         2. Vol.
Oberti Aggiuftamento Univerfale. Venezia. 1677.
                                         Abré-

Abregé du monde, par Du Val.   *Paris* 1648.
La Geographie Univerſelle abregée.   *Toulouſe*
                                          1675.
Hiſtoria del Perou , *ſans Titre.*
Hornius Origines Americanæ.   *Hemipoli* 1669.
The Travels of Don Franciſco de Quevedo.
                                      London 1684.
Voyage au Breſil par Jean de Leri.   1580.
Bruckers Fragen aus der Philoſophiſchen Hiſtorie.
                                 Ulm 1735. 4. Vol.
———————— Et le Suplement.   *Ulm* 1737.

JOURNAUX.

Alttmanni Tempe Helvetica.   *Tiguri* 1735. 6. Vol.
Oſſervazioni Litterarie del General Maffei.   *Ve-*
                              rone 1737. 6. Vol.
Supplementi al Giornale de Letterati d'Italia.
                              Venezia 1722. 3. Vol.
Bibliothèque Critique par Mr de Sainjore.   *Paris*
                                 1708. 4. Vol.
Bibliothèque Germanique Tom. 13. 14. 15. &
16.   *Amſt.* 1727. 4. Vol.
Scheuchzeri nova Litteraria Helvetica. pour 1701
——— 1708. incluſivement.   *Tiguri* 1703. 8. Vol.
Schelhornii Amœnitates Hiſtoriæ Eccleſiaſticæ &
Litterariæ.   *Francf. Lipſ.* 1737. 2. Vol.
Mémoires de Trévoux Octob. 1702. Janv. Fev.
Mars, Juin, Juillet & Aouſt 1737.   7. Vol.
Journal des Savans Tom. 12. & 13. avec fig.
                                 Amſt. 2. Vol.
Nouvelles de la République des Lettres. Juillet
& Aoút 1708. Sep. Octob. Nov. Dec. 1709.
                              Amſt. 1709. 6. Vol.
                                          Bi-

Bibliothèque Angloise Tom. 12. 2e. Part. *Amſ-*
terd. 1725.
Raçolta d'Opuſcoli Scientifici & Filologici; Co-
logièra, T. 18. 19. 20. 21. 22. 23. & 24.
Venetiis.

LIVRES EN BLANC,

Philoſophie.

Cavalleri, Diſſertation ſur le Flux & Reflux de
la mer. in 4°.
Dan. Bernoulli. Sur le Flux & le Reflus de la
mer pour le prix de 1740. in 4°.   *Bâle.*
De Cauſa Phiſica Fluxus & Refluxus Maris à
D. D. Mac. Laurin. in 4°.
De l'Eſprit Humain par Mr. de Crouſaz. in 4°.
Bâle 1741.
Wurzelbaur Eclipſeos ſolis totalis obſervatio.
Folio.   *Norimb.* 1706.
Des Vignoles de Annis Ægyptiacis & de Cyclis
Sinenſium ſexagenariis. in 4°.
Shlbner, Demonſtratio veræ Menſuræ Virium
motricium vivarum. in 4°.   1734.
Abicht, Prælectiones de Creatione Mundi. in 4o.
Vittenberg 1738.
Hueber, Lithographiæ Wirceburgenſis ſpecimen,
cum fig. folio.   *Virceburg.* 1736.
Scheuchzeri Nova ex ſumis Alpibus vulgata. folio.
Tiguri 1731.
————— Agroſtographiæ Helveticæ Prodromus.
folio.   1708.
————— Herbarium diluvianum, cum fig. fo-
lio.   *Tiguri* 1709.
————— Alphabeti ſpecimen ex diplomatibus
& codicibus Thuricenſibus. *Tiguri* 1730. 1. Vol.

Anonymi Dilucidationes de Origine Animæ &
malo hæreditario. 8°. *Holmiæ* 1738.
Arcana Bibliothecæ Synodalis & Typographicæ
Moscuensis sacra. 8°. *Lipsiæ* 1724.
Redekeri, de Causa Gravitatis. *Lemgoviæ* 1736.
Svvedenborg, de Infinito & causa finali Creatio-
nis deque Mechanismo animæ & Corporis 8vo
Dresdæ 1734.
Von Vampiren oder Blut Saugern. 8vo. *Leipsig* 1732.
Specimina XVI. Comercii Litterarii ad rei medi-
cæ & scientiæ naturalis incrementum instituti.
4°. *Norimb.* 1731.
Redeker de Natura motus, cohæsionis & Elastici-
tatis corporum. 8°. *Lemgoviæ* 1736.
Supplementum Acacianum, Monumenta nun-
quam edita complectens. 8°. *Venetiis* 1728.

HISTOIRE ET ANTIQUITE'S.

Cori de mensibus Ægyptiorum. *Florentiæ* 1737.
Brucker Historia Vitæ Adolphorum Occonum.
4°. *Lipsiæ* 1734.
Historia Vitæ Conradi Peutingeri. 4°. *Lipsiæ* 1629:
Series Chronologica Olympiadum, Pythiadum,
Isthmiadum &c. per Gulielmum LLoyd. folio.
Oxoniæ 1700.
Præsidiorum Historiæ litterariæ recensio tabula-
ris. 8°. *Hal Magd.* 1724.
Zehender versuch Historische Chronologie. 8o.
Bern 1738.
J. Christoph. Wolfii Compendium Historiæ Phi-
losophicæ antiquæ &c. 8°. *Amburg.* 1706.
Obeliscus Constantinopolitanus. cum fig. folio.
Geist-liche Edinung. Recueils. 8°. 1732.
Othonis Historia Doctorum anishicorum. *Oxoni;*
1672.

Explication de quelques Marbres Antiques dont
les Originaux sont dans le Cabinet de M***
4°.   *Aix* 1733.

THEOLOGIE.

Huldrici Asmakudneion. 4o.   *Tiguri* 1731.
Gatakerus. De Sorte. 8o.   *Lugd-Bat.*
Picherelli Opuscula Theologica. 8o. *Lugd Bat.* 1729.
Rabbi Samuel, de Errore judæorum circa Mes-
    siam, opus aureum. 8o.   *Lucernæ* 1736.
Bochart de Scripturæ S. Divinitate. 8°. *Hale-Magd.*
                                                    1722.
Sturm von dem Heiligen Abendmahl. 8o.   1714.
Justinus Martir, de sacris Christianorum publicis.
    8o.   *Hal. Magd.* 1725.
Justini Martyris *Erzehlung wie er zur Erkantnis*
    Gottes &c. 8°.   *Halæ* 1724.
Thomasii Historia Atheismi.   *Basileæ* 1709.

LITTERATURE.

Histoire de la Vie & des Ouvrages de Mr. de la
    Crose. 8°.
Brevis enarratio Berolinensis Societatis scientia-
    rum. 4to   *Berolini* 1712.
Lotteri De vita & Philosophia Bernardi Telesii.
    4to.   *Lipsiæ* 1733.
Laberinto dal signor Ghisi nobile Veneto fig. folio
                                      Venetia 1616.
Collegii Romani societatis Jesu Musæum cum fig.
    folio.   *Amstel.* 1678.

LANGUES.

Gori, Orthium Carmen lamentabile Etruscorum
    Antiquorum. folio.   *Florentiæ* 1737.
                                            Four-

Fourmont, Meditationes Sinicæ. folio. *Parisiis* 1737.
Maffey Origines Etruscæ & Latinæ. 4to *Lipsiæ*
1731.
Baringii Clavis Diplomatica. 4to. *Hanoveræ* 1737.
Dictionarium in de Duytsche en Maleysche Tale.
8o. *Amsterd.* 1680.

Il y a outre cela environ uue Centaine de
petits Ouvrages ou Brochures, & une couple de
cent Theses, Dissertations, Discours Académi-
ques, Sermons &c. par M. M. Jablonski, Franek,
Iselin, Werenfels, Hottinguer, Heydegger,
Scheuchzer, Cramer, Altmann, Zimmermann,
Ruchat, de Crousaz, Turretin, Gallatin, Mau-
rice, &c. &c.

L'Evangile selon St. Jean en Langue Varugue,
écrit sur des Feuilles d'Arbre larges de deux
doigts, & longues d'environ demi Aune; avec
l'Alphabet de cette Langue. Le tout renfermé
proprement dans un Etui. C'est une Piéce très
rare & convenable pour une Bibliotèque.

CATALOGUE

Des Manuſcrits de feu M. Bourguet.

Théologie.

Quelques Lettres anonimes concernant le Livre
intitulé : *Préſervatif contre le Fanatiſme.*
Matériaux pour une Diſſertation ſur Daniel.
Réflexions en faveur de la Séparation du Culte
extérieur, [anonyme.]
Un Recueil 4to. contenant une Diſſertation : *Que
Jéſus eſt le Meſſie* : Pluſieurs Lettres particu-
liéres & autres Piéces, à l'ocaſion de la Perſé-
cution de France ; D'autres ſur la Vérité de la
Religion Chrétienne & quelques autres.

Sur les Miſſions.

Manuſcrits concernant les Miſſions aux Indes
orientales.
Comencement d'une Hiſtoire des Miſſions, par
Mr. Bourguet.
Relation latine du Groenland, (anonime.)
Pluſieurs Extraits, Piéces traduites & Lettres origi-
nales ſur diverſes Miſſions & Projets de Miſſions.

Langues, Hiſtoire, & Antiquités.

Recueil *Folio* d'Extraits de divers Auteurs : Sur
l'origine des Langues, & ſur divers autres Su-
jets d'hiſtoire, d'Antiquités & de Litterature.
Recueil *folio,* fort conſiderable d'une quantité
d'Alphabets anciens & modernes, imprimés &

ma-

manuſcrits, avec les figures des Médailles d'a-près leſquelles ils ont été faits ; accompagnés en bone partie de l'explication de Mr. Bourguet.

Deux Piéces en caractères Chinois.

Un petit Manuſcrit en quelque Langue aſiatique.

Monumentum Adami Ceyloneńſe : ou Diſſertation ſur une Epitaphe antique d'Adam, trouvée à Ceylan.

Lettres & piéces diverſes ſur des Inſcriptions Etruſques ; Puniques &c.

Lexicon Aegyptiacum, de la Croſe, Manuſcrit fol.

Manuſcrit Italien, ſur la Cabale.

Catalogue de Livres imprimés & manuſcrits en Langues Orientales.

Inſcriptions tirées d'Urnes venues de Syrie, avec des Obſervations de Mr. Bourguet.

Plan pour l'Hiſtoire de l'Origine des Lettres.

Un gros paquet d'Alphabets, avec Explications ; Pluſieurs Piéces concernant la Langue & l'Hiſ-toire Chinoiſe : D'autres concernant les Tables Etruſques & autres Inſcriptions ; & pluſieurs Lettres particuliéres rélatives à ces diferens Su-jets, de pluſieurs Savans d'Italie, d'Allemagne &c.

Hiſtoire Ecléſiaſtique manuſcrite, de Mr. Bourguet.

Diſſertation ſur l'origine des Nègres & des Améri-quains. [anonyme]

Un Paquet de feuilles volantes de Litterature.

Mathématiques

Tarif pour réduire toutes ſortes de Corps ronds en pieds cubes.

Cours abrégé d'algebre, par Mr. Bourguet.

Quelques Extraits ſur divers Problêmes.

Dissertation Italienne, sur le mouvement. [ano-
  nyme.]

Nombre d'Extraits de divers Ouvrages sur des
  Sujets de Métaphisique, & en particulier sur le
  Systême de Mr. de Leibnitz.

Un assez ample Traité de Chimie. 4to. [anonime.]

Un gros Recueil 4to contenant les Matériaux d'un
  Ouvrage projetté par Mr. Bourguet, sur la Théo-
  rie de la Terre ; consistant en diferens Extraits,
  & en Réflexions de Mr. Bourguet lui même,
  avec diverses Lettres à ce sujet.

Quelques Piéces détachées, sur le même Sujet.

Un Manuscrit allemand, traduit du Latin avec
  ce Titre : *Funcken und Spuren des Lichts der
  Natur.* Copié fort proprement.

Idée générale de l'Histoire & du Droit.

Dificultés de Mr. Bourguet, sur la Théodicée
  de Leibnitz.

Un Recueil *folio*, contenant une Correspondance
  italienne de Mr. Bourguet avec un Savant
  signé A. C.

Tous les Discours de Mr. Bourguet pronon-
  cés à Neûchâtel, tant ceux qui ont été im-
  primés que ceux qui ne l'ont pas été, au nom-
  bre de 36.

Diverses Cartes de Geographie & d'Astronomie.

on pourra s'adresser à Mlle. Bourguet à
Neuchâtel en Suisse en lui écrivant
franco.

www.ingramcontent.com/pod-product-compliance
Ingram Content Group UK Ltd.
Pitfield, Milton Keynes, MK11 3LW, UK
UKHW021635090726
13657UKWH00004B/1618